見ぬが花

街の酒屋さん

230円 170円 150円 170円 170円 150円 150円 150円

       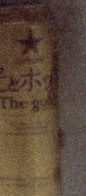

140円 250円 200円 200円 230円 200円 230円 190円

160円 160円 160円 160円 160円 160円 160円 230円

新・旧

cat's CAFE
猫の時間
cat relaxing and cafe

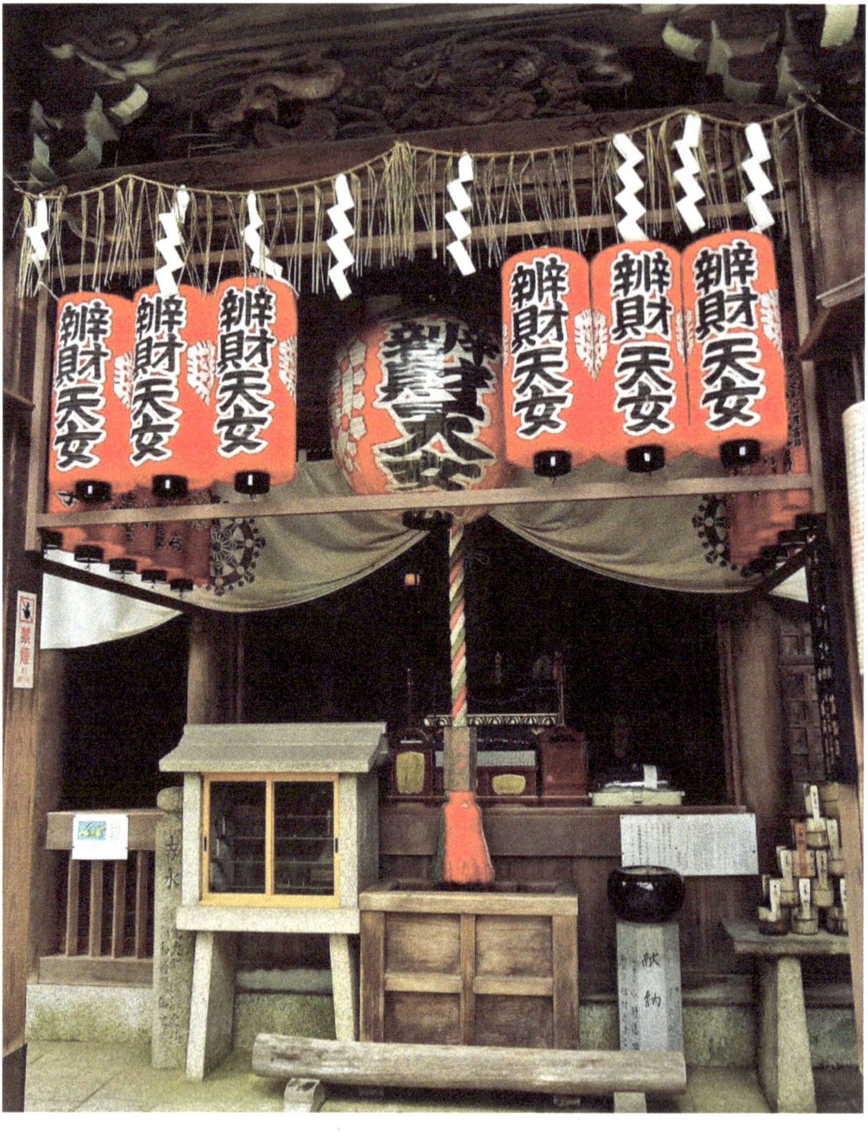
辨財天女
辨財天女
辨財天女
辨財天女
辨財天女
辨財天女
禁煙
献納

自転車を除く
ここまで

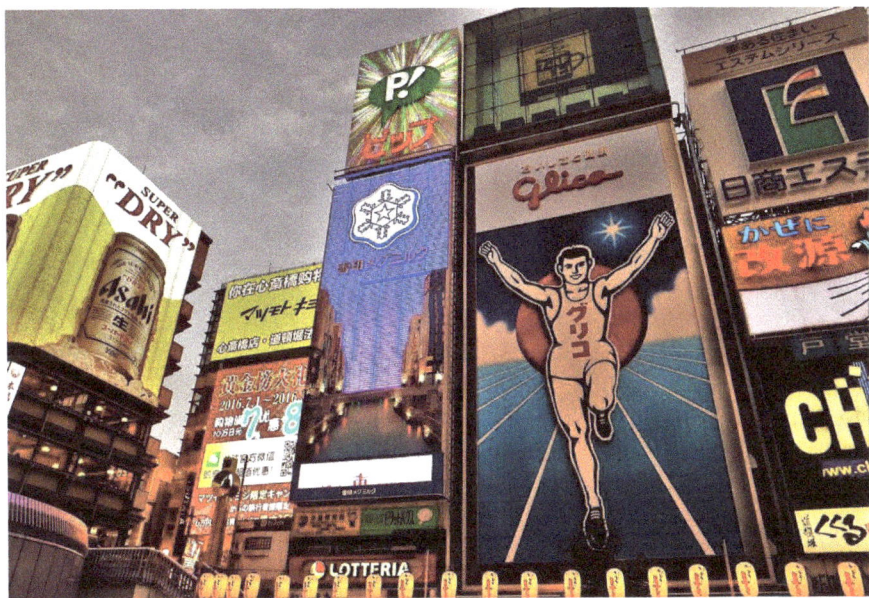

さつき保育園
とび出し注意

Lightning Source UK Ltd.
Milton Keynes UK
UKHW050907160719
346194UK00001B/1/P

9 780368 395222